やめればやめるほど、
僕らは自由になっていく。
っていう素敵な法則を
知ってるかい？

著　小山聡一朗

自由になるためにはね。
得ることよりも、
やめることが大事なんだよ!!

はじめに

16歳で親が破産。
甲子園に出てプロ野球選手になる。
小学4年生から思い描いた夢は16歳で叶わなくなりました。

コンビニに止まる高級車に声を掛けては、
どうすればお金持ちになれるのか？を10代の頃に聞いてまわりました。

そこからはアドバイスを貰ったことを実行し、
ありとあらゆる職業も経験しました。

1日20時間働き、
学生時代に遊んだ記憶はほとんどありません。
パニック障害・メニエール病・鬱も経験しました。

沢山、失敗して、
自分自身も破産寸前になったこともあります。

僕が誇れることは失敗の数です。
挑戦しなければ、失敗も出来ません。
しかし、あれもこれもやりすぎて何も進まなかった
のです。

ふと、色んなことを抱えすぎて、
動きが鈍くなってることに気づきました。
そうだ。
捨ててみよう。
やめてみよう。

そうすると、捨てれば捨てるほどに、
捨てれない大切なことが見つかるようになりました。

やることより、
やらないことを決める。
手放してみる。

世の中の沢山の情報の波で、
みんな生きにくく苦しくなってる。
人生で大切なことは実はそんなに無い。

色んな物を浴びすぎてわからなくなっているなら、
とにかくやめてみればいい。
捨ててみればいい。
やめたり、捨ててみても、
本当に必要なものはまた戻ってくる。

人生はたったの1回だ。
あなたは、誰にも支配される必要はない。
人と比べすぎて苦しくなってる、
あなたへ。

やらねばならないをやめて、
やりたいで生きてみよう。

身動きが取れなくなったり、
抱えすぎて苦しくなってたり。

そんな、あなたの人生が変わる小さなきっかけに
なれれば嬉しいと思いこの本を書きました。

それ、全部やめちゃえば？
重い荷物は全部脱ぎ捨てて。

目次

Ⅰ．人間関係

Ⅱ．物

Ⅲ．習慣

Ⅳ．お金

Ⅴ．仕事

Ⅵ．ライフスタイル

Ⅶ．思考

人間関係

あなたにとって
大切にしたい繋がりは？

Human relations

Ⅰ 人間関係

すごい人より面白い人と仕事したほうが面白いなって思ったんだ。

これまでは、損得で人と付き合っていた。
いい人脈や情報が得られるからこの人と付き合っとこ！みたいな（笑）

でも、損得で付き合っていると、
自分が得するか損するかで付き合っちゃうから、満たされていかない。

そういうのをやめて、

本当に**この人かっこいいな**とか、

この人面白いなって人と付き合う

ようにしたら上手くいったんだ。相手に合

わせるのをやめる。

自分があるがままっていうか、

自分はこう思うんだよね！って

感じ。

人間関係

そこに合う人と付き合っていく。

でも、みんな人に合わせちゃうじゃん？
特に、相手がすごい人だったりしたらなおさ
ら。
自分がどう思うかっていうのを、
他の人に合わせるのをやめる。
意見が合わない時は、
相手がこう思うっていうのを理解する。

でも、自分の意見を曲げてまで人と付き合っ
ちゃうと、自分が疲弊していくから。
結局は自分がどうしたいかが大事。

自分があるがままにいて、
それがいいって言う人たちと付き合うように
する。

人間関係

心がわかってるよね？
やりたい！じゃなくて、
やらなきゃ！ってなっている自
分がいることに。

01 あなたにとって
大切にしたい繋がりは？
Question/Human relations

たくさんのことを知っていたり、
色んな人とのつながりがあると凄そうに見える。
でもね、広げる。
じゃなくて、広がるが良い。
広げようとすると浅くなるから。
広げようとすると薄くなるから。
色んな意見が広がりすぎてわからなくもなる。

まずは少人数でいい。
しっかり関わっていく。
目の前の人や物事を大切にしながら。

友達や人脈の数が人生の豊かさではない。
どれだけ心から繋がれる人がいるかだ。

広くかかわるのをやめてみたら？

02 いつから本音を 語れなくなったのだろう？
Question/Human relations

人に合わせることによって
どんなメリットがあるだろうか。

考えなくていい？
楽だから？

確かにそうかもしれない。
じゃあ、デメリットはどんなことがあるだろうか。
あなたの人生は誰のものだろう。
そして、
人に合わせてる自分は楽しい？

人に合わせるのをやめてみたら？

03 どうすれば評価が気にならなくなるだろう?
Question/Human relations

ついつい他人からの評価が気になって仕方がない。
そんな人も多いはず。
僕もそうだったから。

でも、評価なんてその人の主観。
評価を求めて自分じゃない自分になるよりも、
自分の本音で自分のど真ん中を生きて、
嫌われる方がかっこいい。

もう、自分でも気づいてるよね？
どっちが良いかって。

評価を求めるのをやめてみたら？

04 違いを楽しむには
どういう見方をすればいいだろう？
Question/Human relations

みんな違う。
みんな違うからおもしろい。

他人を変えようとするより自分を変えること。
ついつい他人を変えようとしがちだけど、
みんな育ちも思考も違うんだから、
それこそ会う人会う人変えようとしてたら、
何人変えないといけないんだ。笑

自分を変えるならたった1人だけでいい。
こっちの方が圧倒的にラク。

他人を変えようとするのをやめてみたら？

05

悪口を言うと起こるメリットと
デメリットはどんなことがあるだろう?

Question/Human relations

悪口って言われて嬉しくないよね?
そして、不思議となぜか言った本人に届くの。

悪口を言うのはラクでかんたん。
でも、言った方も言われた方も気分は良くない。
小さい頃に言われなかった?
自分が言われて嫌なことは言わないって。

どうして子供の頃は出来たのに、
大人になると出来なくなるんだろう。

悪口を言うのをやめてみたら?

正しさで生きるより楽しさで生きる方が良くない？
そもそも正しさの中にワクワクはあるだろうか。
正しさって結局、
誰にとっての正しさなのだろう。

正しく生きる。
楽しく生きる。
あなたはさぁどっち？

正しさをやめてみたら？

06 正しさって そもそも何？
Question/Human relations

07 人と比べるのをやめると、どんな素敵なことが起こるだろう？
Question/Human relations

比べても楽しくない。
ワクワクしない。

そもそも、自分と相手は違う。
強さも弱さも生まれた場所も
育った環境もみんな違う。

違うものと違うものを比べるのだから
ナンセンス。

比べるから苦しくなる。

人と比べるのをやめてみたら？

08 演じるのをやめた時 どんな自分になれるだろう？
Question/Human relations

誰かを意識して好かれようとすればするほど、
等身大の自分じゃなくなっていく。

そして、あなたじゃないあなたで好かれても、
どんどん演じ続けなくてはいけなくて苦しくなっていく。
自分の本音でありのままでいること。

大丈夫。
ありのままの自分を好きでいてくれる人はたくさんいる。

好かれようとするのをやめてみたら？

どうすれば
良い買い物ができるだろう？

物

見栄で買い物をするのをやめた。

昔は周りからすごい！って思われた

いから買った部分があって。
でも、それをすればするほど、
自分を誇張しちゃうよね。
大きく見せようとしちゃうから。

**でも、
それって本当の自分じゃない。**

ブランド品も見栄ではなくて、
本当にそのものが好きかで買っているかとか、
そのお店が好きだから買っているかどうか。

本当はこれが欲しいんだけど、
周りからどう見られるんじゃないかとかね。
僕は金が好きなんだけど、
周りから"金とかつけてやばい人"って言われ
るかもしれないって気にしてて買えなかった。

でも、そうじゃなく、
安いからとか高いからじゃなくて、
自分の心が本当にいいなって思ったものを買
うようにした。

大量生産とか。
みんなが持っているものとか。
これを持っていると認められるとか。

**そういう見栄とかよく見せようとか
っていう買い物をやめた。**

そうすると、
無駄なものを買わなくなるから、
スッキリしてくるし、お金も残ってくる。
そして、物が少なくて、選択肢が限られてくる。
その結果、迷わなくなる。

**物がないと、
思考がクリアになる。**

そして、
無駄なものがないから、
無駄なエネルギーを使わなくなるよね。
どんどん身軽になってくるよね。

09 その買い物は見栄ではないですか？
Question/Object

ブランド品や高級品を
身にまとうことは悪くはない。
でも、それは見栄ではないだろうか？

背伸びして無理して着飾るよりも
等身大の自分でいよう。

着飾るのをやめれば
もっと身軽になる。

着飾るのをやめてみたら？

10 3ヶ月以上手にとってないモノは今必要ではないかも。それは本当に必要なものですか？

Question/Object

モノはシンプルで少ない方が良い。
上質なもの。
愛着のあるものを長く使う。
モノが限られてると迷わない。

たくさん持つことをやめてみたら？

11 衝動買いしてしまう時はどんなとき？

Question/Object

あっ。欲しい！
そう思って買ったけど結局使わなかった。
そんなことない？
僕はよくあった。
欲しいって思ったら一度考えてみる。
そもそも、なんで欲しいんだろうって。

本当に必要なモノは即決しなくても
必ずどこかで巡り会う。

衝動買いをやめてみたら？

12 どうすれば良い
買い物ができるだろう？
Question/Object

わぁー、これめっちゃ欲しい。
でも、金額高いからこっちにしとこう。
そんな経験も多いはず。

でもね。
値段ではなく本当に欲しいモノを
手に入れた方がいい。
結局、やっぱりあっちが良かったって
余分にお金を使う。

高くても本当に欲しいものを買うこと。
長く愛用できれば出来るほど
結果的に安い買い物になる。

値段を見て買うのをやめてみたら？

13 必要以上に
備えすぎてないだろうか？
Question/Object

備えあれば憂いなし。
確かにそうかもしれない。
でも、必要以上に色んなものに備えていたら、
どんどん身動きが取れなくなってしまう。

備えることは大事。
必要以上はいらない。

備えておくのをやめてみたら？

習慣 II

常識の枠から出た自分は
どんな自分になれるだろうか？

習慣

なんとなくダラダラ過ごす時間もたくさん
あった。

例えば食べ物とかでも、
なんとなく買っちゃうとかね。

でも、
ある時、**人生には終わりがある**こと
に気がついた。

その時に、
生きるってなんだろうな・・・
人生ってなんだろうな・・・
っていう問いが生まれた。

そのことがきっかけで、
"何のために？"
"誰のために？"
を常に考えるようになった。

そのことを明確にしていって、
そこに必要のないものをやめた。

TO DO リストを書くのやめて、
やりたいことリストを書いた。

３００個ほどのやりたいことを書いてみると、
それがすげえ楽しかったんだ。

そうすることで、
何のために。
誰のために。
が明確になってきたから、
自分がブレなくなった。

誰かが作った成功とかじゃなくて、
自分の内からくる"やりたい"ことを
やるようになっていった。

14 どうすればわくわく楽しみながら
取り組めるだろう？
Question/Habit

頑張って物事を達成する。
もちろん間違いではない。

でも、頑張らないと達成できないは違う。
頑張らない方がうまくいく。

頑張りすぎちゃうと無理して続かない。
これは手を抜く。
と言う意味ではない。

わくわくしながら楽しんで取り組むと頑張らなくて
も達成できる。

頑張ることをやめてみたら？

15 目標を作らなければ
上手くいくことはなんだろう？
Question/Habit

大きな目標を持て。
と言われることが多いかもしれない。

でも、それは本当に正しいだろうか？
目標が大きすぎて達成できず挫折してない？
僕はそれでいっぱい挫折してきた。笑

今は、目標すら作らない。
自分の"楽しそう"や、
"かっこいい"で生きてる。

大きな目標をやめてみたら？

16

常識の枠から出た自分は
どんな自分になれるだろうか？

Question/Habit

常識、普通、あたりまえ。
ここに疑問を持ってみよう。

常識とか普通は誰が作ったの？
多くの人はそうして物事を決めてるかもしれない。
だから、チャンスだ。

他の人と違う選択が唯一無二の自分を生きること。

常識で選ぶのをやめてみたら？

17 小さな一歩を踏み出すために 今日なにをはじめますか？
Question/Habit

また、今度。
で自分から逃げてないだろうか？
本当はやりたい。
チャレンジしてみたい。
あの人に声かけてみたい。
メッセージ送ってみたい。
でも、怖いから今度にしよう。
そんな自分になってないだろうか？

大丈夫。
はじめは誰でも怖い。
怖いの原因はわからない。
やってないからだけ。

そろそろ"また今度"をやめてみたら？

18 目標の奴隷になってないだろうか。
目標って本当に必要？
Question/Habit

目標を作って満足してないだろうか？

まさしく昔の僕がそうだ。
目標を作って目標を作り終えたら満足。
結果、目標を作って叶ったことはなかった。

反対に目標を作るのをやめた。
その時々に出てきた悩み。
わくわくすること。
やりたいって思ったこと。
それらをやっていった。
僕は目標を作らない方がうまくいった。

目標を作るのをやめてみたら？

19 やらないことリストを作ってみよう。
どんな気づきがあったかな？
Question/Habit

毎日やることを決めてこなす。
どんどんタスクを追加していく。
僕はこれが出来なかった。

だから、やることのタスクを作るのをやめ、
やらないことリストを作った。
そのタスクは本当に必要？

タスクをこなすのをやめてみたら？

IV

お金

お金が世界からなくなったら、
人は何を大切にして
生きるだろう？

お金

自分を喜ばせるためだけにお金を使っていた。

損か得か。

高いか安いか。

そのことが買い物の判断基準。

けれど、

お金は、**使い方が大事**だと気がついた

んだ。

自分のためだけに使っていてはダメだ！と。

お金を自分のためだけじゃなくて、
他の人のためにも使ってみた。

**どういうお金の使い方をしたら、
その人は喜ぶんだろう？
社会は喜ぶんだろう？** と考えてみた。

すると、
喜びが増えて自分の元に返って来て、
どんどん豊かになっていったんだ。

損得ではなくて、
自分の好きなものとか、
好きな場所とか、
好きな人とかにお金を使う。

投資とかも、
損得ではなくて、
この会社が好きだなとか、
応援したいなとかでお金を使う。

そうすると、
結局回り回って返って来るようになるし、
別に返ってこなくてもいいしね。（笑）
見返りを求めるのをやめたからね。

喜ばせたい！でお金を使うようになった。

20

どんなお金の使い方をすれば
自分の世界が広がるだろうか？
Question/Money

貯めることを目的にするのをやめる。
お金は使って初めて生かされる。

貯めることばかりに意識がいくと、
安心にはなるかもしれないが、
チャレンジしなくなる。
とくに若いうちは貯めるよりも使って色んな価値に
ふれてみること。
色んなものにふれてみて初めて自分の大好きが見つ
かる。

貯めることをやめてみたら？

21 自分が浪費してしまうのは どんな時？
Question/Money

ついついやってしまいがちなのが浪費。
イライラしてしまったりストレス発散で使ってしま
うのが浪費。
本当は使わなくても良かったお金。
浪費の原因を探ってみよう。

浪費をやめてみたら？

22 あなたが気持ちよく
お金を払える時はどんな時だろう？
Question/Money

お金を支払う時にいやいや支払ってないだろうか？
もしかしたら、そのお金の使い方は見直した方が良
いかも。

これを買えば得。
これを買えば損とかではなく、
お金を支払う時はこのお店やこの人を豊かにした
いって想いで使ってみよう。
自分の支出は相手の収入。
また、相手の支出は自分の収入。
自分が好きなお店や人などに気持ちよく使おう。

いやいや支払うことをやめてみたら？

23 相手を喜ばせるための
はじめの一歩はなんだろう？
Question/Money

最初は自分を喜ばせるのに使うのは良いこと。
でも、より豊かになりたいなら自分だけじゃなく、
相手を喜ばせるお金の使い方もしてみよう。

喜ばせた人の数が増えれば増えるほど、
どんどん豊かになっていく。
自分も満たし相手も満たしてみよう。

自分を喜ばすだけに使うことをやめてみたら？

24

お金が世界からなくなったら、人は何を大切にして生きるだろう？

Question/Money

お金に価値を置きすぎるのをやめてみよう。
お金は手段であって目的ではないのだから。
お金に価値を置きすぎて、
お金だけを求めると損得でしか見れなくなる。

お金は確かに大切。
でも、お金は信用や信頼を数値化したもので、
それ以上でもなければそれ以下でもない。

お金に価値を置きすぎるのをやめてみたら？

25 将来や老後の不安がもしなかったら、何に挑戦したいだろうか?
Question/Money

先日、こんな話があった。

1人暮らしのおばぁちゃん85歳が亡くなった。

おばぁちゃんは旦那さんを15年前になくし細々と暮らしていた。

食事はスーパーで半額になった惣菜を買い、ひとり長屋で暮らしてたそうだ。

そんな暮らしを何十年としていた。

口癖は、"将来こうなったらあかんから、万が一のために備えとかなあかん。"

周りの人はお金に困っているとずっと思ってた。

でも、実際は亡くなった時に数千万円の貯金があったみたい。

どれが正しい、どれが間違いではないが。

何十年と将来のために。

を考えて生きていたおばぁちゃんは幸せだったのかな。

将来を考えることはもちろん大切。

でも、もっと大切なことは現在（いま）を楽しむことではないだろうか。

"将来や老後のために"をやめてみたら？

仕事

Work

あなたが仕事も
プライベートも関係なく、
一緒に過ごしたい人は
どんな人だろう?

仕事

場所と時間で働くのをやめた。

今までは直接会って仕事をしてきたけど、
それをやめて、
自分が心地よいと思う場所で仕事をしたり、
自分がインスピレーションが湧く場所で文章
を書いたりとか。

そんな感じで、
**自分の感情がのってる場所やタイミ
ングで仕事をすると、商品もより良
いものができてくる。**

心地いい人と、居心地のいい場所で仕事をする。

午前中に仕事のパフォーマンスが上がると言われてるけど、
僕は夜中の寝静まった時の方が、
インスピレーションが湧いてくる。

だから、周りの人がどうこうじゃなくて、
自分がいいと思う環境で仕事をするようにする。
だから、
それ以外のものをやめていくようにした。

僕も仕事が全然続かない時もあるけど、
3日坊主も全然ダメじゃなくて、
心に正直に生きているってこと。

やらなきゃ！じゃなくて、
やりたい！じゃないと続かない
よね。

無理に頑張っちゃったりするとしんどくなる。
だから、自分がどうやったらやる気が出るかっ
ていうのを知っとくのもいいよね。

僕だったら3日間くらい漫画を読んだりする
(笑)
そうすると、自然に"やりたい！"って気持ちが
湧いてくるんだよね！

26

もし、今の半分の時間で
仕事が終えれば、
何に時間を使ってみたい？

Question/Works

なんとなく8時間労働だから8時間働いている。
そんな人は多くないだろうか？

その仕事、2時間で終わらせれるかも。
いや、2時間で終わらせる為にはどうすればいいだ
ろう？
人の集中力はそんなに長く続かない。

8時間働くのをやめてみたら？

27 寝るのを忘れるくらい
没頭してしまうことってなんだろう？
Question/Works

時給がいいから。給料がいいから。
だから、この仕事をやっている。
もちろん悪いことではない。

しかし、何か満たされてない自分はそこにいないだ
ろうか。
ストレスを抱えてないだろうか。
もし、そう感じてたら、

給料で選ぶのをやめてみたら？

28 取ったけど使ってない資格は
どれくらいあるだろう？
Question/Works

資格を取らなければやりたい仕事に就けない。

そうであるならば、資格は必要だと思う。

でも、資格あれば安心。

資格を持ってればご飯が食べれる。

これは大きな間違い。

資格を取っただけではご飯は食べれない。

何のために資格が必要なのか？

本当に資格は必要なのか？

ただ、資格コレクターになってないだろうか？

資格はたくさん持ってるけど、

全然仕事うまくいってない。

そんな人は一度、

立ち止まってみよう。

資格がいる仕事なら資格を持ってる人にお願いする

ことも考えてみて。

資格をとるのをやめてみたら？

29 あなたが仕事もプライベートも関係なく、
一緒に過ごしたい人はどんな人だろう？
Question/Works

この人は実績が凄い人。
大手の人だから。
どこか損得で仕事をしてないだろうか？

仕事とはヒト対ヒト。
自分が本当に仕事したい人と仕事しよう。

肩書きで仕事をするのをやめてみたら？

30

1日にたった1つのことだけしか やってはいけない。 そうなった時にあなたは今あるタスクから 何を選択するだろう？

Question/Works

あれも。
これも。

すべて自分でやらなきゃいけない。

毎日、やることリストを作り一日が終わってみたら、
ほとんど何も終わってない。

そんなことないだろうか？

自分しかできないこと以外はお願いしてみよう。

そもそも、本当に全部やらないといけないことかな？

自分で全部やるのをやめてみたら？

31

Question/Works

あなたはどんな失敗を恐れているのだろう？
また、その失敗を乗り越えた人に
どんなことを聞きたい？

多くの人は成功法則を学ぶ。
確かに成功法則は聞いてて気持ち良い。

でも、大切なことは失敗を学ぶこと。
成功法則に共通点はあまりないが、
失敗には共通点ばかりある。
先人たちが残してくれた失敗には、
人生を上手くいかせるヒントが沢山ある。
失敗を学べば学ぶほど人生は豊かになる。
成功法則を学べば学ぶほど
何故か上手くいかなくなってない？
もし、そう感じてたら、

成功法則を学ぶのをやめてみたら？

32

あなたの知識を学びたい。
知りたい人はどこにいるだろう？

Question/Works

学べば学ぶほどもっと学びたくなる。
もっと知識をつけて。
もっと学んで。
そうして、お金も時間も費やしてきた。
だけど、現実は変わってない。

知識ばかりがついて評論家になってないかな？
そんなあなたはもう充分な知識がある。

そろそろ、小さく初めてみたらどう？
実体験ほど学べることはないよ。

"知識をつけねば"をやめてみたら？

33

あなたの職場が
どんな場所だったらワクワクする？
Question/Works

同じ場所に居続けると思考が固定化されることがある。
もっと自由に。
もっとクリエイティブに生きてみよう。

海辺で仕事してみたり。
山の中でアイデアを出してみたり。
高級ホテルのラウンジで仕事をしてみたり。

ちなみに僕はアイデアやビジネスを考える時は、
歩きながら iPhone にメモをする。

もっと想像を創造していこう。
僕らは自由だ。

同じ場所で働くのをやめてみたら？

[Lifestyle]
ライフスタイル

あなたが住んでみたい
国はどこだろう？
なぜ、そこに住みたいと
感じてるのだろう？

ライフスタイル

僕はどこに住みたいかを考えた時に、
自然が多いとこを選んだ。

人が多かったりすると、
影響を受けちゃったりするから、
自分のスペースを確保することが大事。

じゃないと、
誰かの都合のいい人間になっちゃう。

自分と向き合う時間をしっかり作るために、
自分が居心地のいい場所。
誰の左右も受けない時間や場所を確保してい
くことが必要だと思う。

街に出ると刺激があっていいんだけど、
自分じゃなくなっていって、しんどくなって
くるよね。
疲れたなあ・・・みたいな（笑）
刺激には終わりがないからね。

ライフスタイル

そうすると、欠乏感が生まれて、
もっともっとと求めるようになって、
他人の価値観で生きてしまう。

でもある時、
そんな自分を客観的に見た時に、
何のためにやっているのかわからなかった。

それで、
理想のライフスタイルを書いてみたんだ。
それを書いてみると、
今やっていることと全然違った。

僕の理想はもっとゆったりしたものだった。

だから、
**自分が自分でいれる場所にシフト
チェンジしていった。**

ライフスタイル

自分の理想の1日を書いてみるのはオススメ！
そうすると本当の自分はどんなライフスタイル
を望んでいるのかが見えてくる。
それを1つずつ叶えていったらいいよね。

誰かが作った理想の生活とか、
理想の結婚とか、
理想の旅とかじゃなくて、

「あなたにとっての幸せは？」

っていうものを見つめて、
それに合わないものを捨てていったらいい。

34 住んでみたい国はどこだろう？
なぜ、そこに住みたいのだろう？
Question/Lifestyle

今の時代は本当に自由だ。

僕の友人には家族で世界中を旅しながら生活してる人も
多くいる。

１ヶ月ごとに住む国を変えたり。

中には１ヶ月のうち２週間日本で仕事して、

残り２週間は東南アジアで暮らす。

そんな大学生も僕の仲間にはいる。

そんなのもあり。

それが出来る時代に僕たちは生きている。

ちなみに東南アジアなら１５万もあればプチ富豪になれ
るよ。笑

もっと枠を広げてみてみよう。

外から日本を見てみると本当にこんなに恵まれた国はな
いって気づけるよ。

住む場所を決めるのをやめてみたら？

35

あなたの憧れの人。好きな人。
憧れてる部分や好きな部分は
どんなところだろう？

Question/Lifestyle

憧れを持つのは良いことかもしれない。
でも、憧れすぎることはあなたはあなたではない
誰かになろうとしてしまうこと。

憧れすぎて、
その人みたいになれなくて苦しんでない？

大丈夫。
あなたは世界でたった１人の存在。
誰かになろうとすればするほど苦しむ。
憧れすぎるをやめて憧れの人を分析してみよう。

憧れすぎるのをやめてみたら？

36

Question/Lifestyle

誰かが作った憧れに踊らされてないだろうか？
あなたの生活で一番大切にしたいことはなんだろう？

お金を稼いで高級車に乗って良い生活をする。
そうすれば自由だ。成功者だ。
もしかしたら、そう感じてるかもしれない。

僕も最初はそうだった。
実際にやってみた。
でもね、それって本当の自由ではなかった。

多くの場合は承認欲求を満たすためだった。
周りから凄く見られたい。
ただ、それだけ。

高級車に乗らなくても、
高級マンションに住まなくても良い。
あなたの価値は変わらない。

そろそろ良い生活を目指すのをやめてみたら？

なんとなくテレビを見てる時間は、
1日の中でどれくらいあるだろう？
その時間、人生を通したらどれくらいの時間になるだろ
う？

以前、時間がないんですというご相談を頂いて、
その方の1日の時間の使い方を聞いてみたんです。

すると、テレビを見てる時間を計算してみたら、
なんと、このまま続けると数十年分の人生の大切な時間を、
テレビの時間に使ってしまうことがわかった。

テレビを見るのが悪いことではない。
でもね、たった1回の人生。
テレビやネットなどの時間よりも、
もっと大切なことはないかな？

テレビを見るのをやめてみたら？

37

あなたの今の一日の時間の使い方を見てみよう。
なんとなく過ごしてる時間はどれくらいあった?
その時間をどんなことに使えれば
人生はより豊かになっていくだろう?

Question/Lifestyle

38

Question/Lifestyle

あなたがシェア出来るものはなんだろう？
あなたがシェアして欲しいことはなんだろう？

持ち物が多くなればなるほどフットワークが鈍くなる。
物はできるだけ少ない方が身軽で良い。
所有物が増えれば増えるほど出費もかさむ。

どんどんシェアしていこう。
そして、必要な時にはシェアしてもらおう。
そうすれば、無駄なものを持たなくてよくなる。

シェアを意識すれば、
コミュニケーションも増える。

所有という考えをやめてみたら？

思考

自分の心に正直でいるために、
何をやめますか？

VII

思考

未来を考えすぎるのをやめた。

未来を考え過ぎれば過ぎるほど、
今を楽しむことができなくなっていたんだ。

だから、
思考することをやめて、
心で感じることで生きることにし
た。

自分は本当はどうしたいんだろう？
っていうのは頭から生まれるものじゃない。

なんかわからないけどアツくなるもの。
そういう抑えられない本能で感じ取り、
それに従って生きるようにした。

自分のうちに目を向けて、
自分の本当の気持ちで生きていった。

思考

昔、無人島に行った時に、
自然の偉大さを感じた。
いくら人間が美しいものを作っても、
これは勝てないな（笑）って。

人間もそうで、
ナチュラルに生きている人は強い。

そういう風に自然に生きるようにした。

妄想を想像して、想像を創造する。

頭でやりたいことを考えるのではなく、
心で感じたものを、頭で考えて叶えていくよ
うにしたんだ。

39 どうすれば知ってるが出来るになるだろう？
Question/Thinking

何度も聞く話を知ってるで終わらせてないだろうか？
聞くタイミングや聞く場所で感じ方も変わったりする。

そして、知ってる。けど、
出来てはいるだろうか？

知ってる。と、
出来てる。は、
大きく違う。

"知ってる"をやめてみたら？

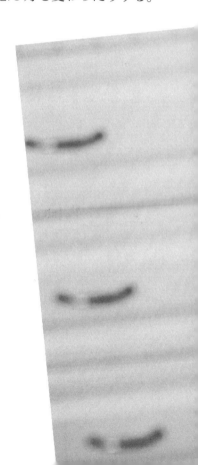

40 どうすれば悩みが ワクワクに変わるだろう？

Question/Thinking

悩みは本当に悪いことだろうか？
人は悩んだ時に大きく成長出来る。

自分の人生を振り返ってみて。
昔悩んでたことで今でも悩んでることってどれくらいある？
ほとんど乗り越えてないだろうか。

そして、自分が乗り越えてきたことは誰かの勇気に変わる。

"悩みは悪いこと"をやめてみたら？

自分にできることで物事を選択してないだろうか？
本当になりたい自分じゃなく、
なれる自分を目指してないだろうか。

恥ずかしがらずに宣言してみよう。
笑われたって良いじゃない。
あなたの夢を笑う人やバカにする人は悔しいんだ。
自分が出来ないことをやってるから。

笑われたって良いじゃないか。
誰かの人生じゃない。
あなたの人生。
あなたが納得すればそれで OK。

あなたの一歩が誰かの勇気に変わるよ。

出来ることで選ぶのをやめてみたら？

41

誰があなたを応援してくれるだろう？
誰があなたの人生を戸惑わせるのだろう？

Question/Thinking

42 答えを探すのを辞めたとき、どんな良いことがあるだろう？
Question/Thinking

たった1つの正解を追い求めてないだろうか？

幸せにしても、
不幸にしても、
成功にしても、
失敗にしても、
たった1つの正解なんてない。

ある人にとっての幸せが、
ある人にとっては、同じ出来事でも不幸せだったりする。

何度も言うよ。
たった1つの正解なんてない。

だから、答えを探すのをやめてみよう。
答えを探すより色んな視点で物事を見てみよう。

答えを探すのをやめてみたら？

43 自分の心に正直でいるために、何をやめますか？
Question/Thinking

頭で考えるより心で感じてみよう。
心はすべて知ってる。

深呼吸して自分に質問してみよう。
頭で考えると損得や利害関係で選択しがちになることがある。

心はすべて知ってる。
もっと、やわらかく。
もっと、ゆるく。
もっと、ナチュラルに。

頭で考えるのをやめてみたら？

おわりに

人生の時間は長いようで短く。
短いようで長いと感じるかもしれない。

２０１８年９月

僕にとって人生の大きなウェイトを占めていた
２人の大切な人の死を同時に体験しました。

２人の人物は、こうなりたかった憧れの人。

そして、こうなりたくなかった人。

人生でこんな男になりたい。
こんな大人になりたい。

１０代の頃から憧れ続けた人が突然亡くなりました。

そして、時を同じくして１０日後。

こうなりたくない。と思って生きてきた人が、
突然亡くなりました。

こうなりたくなかった人。
それは僕の実の父親です。

２年前に会ったきり、
電話も会うこともしていなかったのです。

会えばお金を求めてくる父が大嫌いでした。
お金遣いが粗く。
見栄っ張りで頑固。
そんな父親でした。

そんな父親だったので、
周りにはほとんど友達もいなく、
最後は自宅で孤独死でした。

２年ぶりに見た父親の顔は別人で、
本当に父親なのか？そう思うくらいに変わってい
ました。

遺品整理をしていると、
知らなかったことを沢山知りました。

父が自己破産したのは、
仲間を助けるためにしたことで、
自分が作った借金ではなかったこと。

僕の子供の頃の写真を最後まで大切に持っていて
くれたこと。
最後まで家族のことを考えていたこと。

振り返ると、
父は自分のためにお金を使うことは、
ほとんどなかったことに気づきました。

この本を手にとってくれてる方の中には、
家族との関係や人間関係で悩んでる人も多いかも
しれません。

しかし、人間関係の悩みの多くは、

"思い込み"と"誤解"の
ケースがほとんどです。

父の死を通して学びました。
思い込みで決めつけ、
誤解していたのだと。

聴くこと、確認すること。
その大切さをあらためて実感しました。

プライドを捨てておけばよかった。
頑固になるのやめておけばよかった。

もっと話したいことあったな。
もっと聞きたかったし聞いて欲しかったな。って。
人生は必ず終わる。

さぁ、あなたはどう生きる？

自分が抱えてる辛いこと悩み、
すべて捨ててやめちゃえば？

誰にも邪魔されない。
自分らしく生きれる人が1人でも増えれば、
誰かと比べようとしたり、
人との違いに悩むことはなくなると思う。

違いは面白い。
そんな世の中になるように、
僕も活動を続けていきます。

ここまで読んでくれてありがとう。

大丈夫。
僕は知ってる。

あなたの人生、
いまは人に言えない色んな悩みを抱えてるかもしれない。
でもね、少しずつ脱ぎ捨てていこう。

きっと最後はすべてうまくいくから。

だから、自分の好きを大切に。

笑われちゃうくらいでちょうどいいんじゃない？

悩んでること。
ぜーんぶ、やめちゃえば？

それじゃあ、またね！

応援してます！
世界のどこかでお会いできるの楽しみにしてます！

小山　聡一朗

小山聡一朗

1985年兵庫県生まれ。
作家。アーティスト。

16歳で実家が自己破産。コンビニに泊まる高級車を見つけては
お金持ちになるにはどうすればいいか？を聞いて回る学生時代を過
ごす。
18時間以上働く日々でパニック障害。メニエール病。鬱を経験。

このままではいけない。
そう思い自分を変える為と自己啓発セミナーに通う。
気づけば数百万の借金を抱え自身も破産寸前までを経験。

他人の成功法則を追いかけることに疑問を感じ、
自身の失敗や心の声に耳を傾け"失敗法則"を発見する。

それが転機になり、
人生がV字回復。

しかし、
成功やお金を追いかける日々に疲れる。
人間心理に興味を持ち、
日本メンタルヘルス協会の衛藤信之先生と出会いから自分の在り方
を見つめ直す。

他人と比べたり常識や当たり前に囚われず、
誰かが作った成功や幸せではなく、
その人の可能性を伸ばし、
好きで得意なことを世の中の役に立つカタチにするお手伝いを
主な仕事としている。

＜小山聡一朗の公式メルマガ＞

https://1lejend.com/stepmail/kd.php?no=HSAagDpws

やめればやめるほど、
僕らは自由になっていく。
っていう素敵な法則を
知ってるかい？

2019 年 9 月 30 日　初版第一刷発行

著者：小山聡一朗
編集・デザイン：髙木 勉

企画：TOMORROWLAND BOOKS
〒 604-0835　京都府京都市中京区御池通高宮町 219-4F
E-MAIL：info@tomsawyer.company

発行：ブイツーソリューション
〒 466-0848 名古屋市昭和区長戸町 4-40
電話 052-799-7391　FAX 052-799-7984

発売：星雲社
〒 112-0005 東京都文京区水道 1-3-30
電話 03-3868-3275　　FAX 03-3868-6588

印刷・製本　イシダ印刷

落丁本、乱丁本は送料負担でお取り替えいたします。
ISBN：978-4-434-26521-1 C1500
©2019 tomorrowland books　　Printed in Japan